FABIAN KAMPER

#OceanLyrik

AF191893

Fabian Kamper, der an der Küste aufgewachsen ist und das Meer lieben gelernt hat, möchte mit seinen lyrischen Texten auf die Schönheit und die Umstände des Meeres aufmerksam machen. In der Zeit des Klimawandels und des übermäßigen Konsums ist es um so wichtiger, die Ozeane zu beschützen.

FABIAN KAMPER

#OceanLyrik

GEDICHTE ÜBER
UND FÜR DAS MEER

OZEANLIEBE

Impressum

Bibliografische Information der Deutschen Nationalbibliothek: Die Deutsche National-bibliothek verzeichnet diese Publikation in der Deutschen Nationalbibliografie; detaillierte bibliografische Daten sind im Internet über dnb.dnb.de abrufbar.

©2023 Fabian Kamper

Herstellung und Verlag:
BoD- Books on Demand, Norderstedt

ISBN: 9783757876845

Für das Meer

Danke für die Zeichnungen

Emine Ilhan
Gülnur Basibüyük

Wir bestehen aus ca. 70 % Wasser.
Es ist unser Lebenselixier. Aber wir
behandeln den Ozean, als wäre er nur
Flüssigkeit ohne Leben.

Vorwort

Jeder, der mich kennt, nennt mich einen Träumer. Denn egal, wo ich mich befinde, dauert es nicht lange und ich fange an, mich überall aufzuhalten, nur nicht am selben Ort. Im Klassenzimmer kam es besonders oft vor, weil mich einige Fächer einfach nicht interessierten, und plötzlich landete ich in fremden Welten. Doch der Ozean hatte es mir besonders angetan. Ich liebe das Meer und seine Bewohner. Ich wollte als Kind immer Poseidon sein, der über das Meer wacht und mit allen Meerestieren kommunizieren kann. Auch wenn ich eher ein Marvel- statt ein DC-Fan bin, liebe ich den Film Aquaman. Er ist für mich der Inbegriff eines Superhelden.

Als Kind, ich war ca. zehn Jahre alt, ging ich oft mit meinem Vater in die Bremerhavener Stadtbibliothek und suchte mir Bücher über Tiere heraus. Ich malte sie ab und machte mir daraus eine eigene Mappe, mit allen Eigenschaften von ihnen. Wie sie heißen, welche Größe sie haben und wo sie leben oder lebten. Mein Lieblingstier war immer der Orca. Seine Größe, die Farben und wie er mit seiner schwarzen Finne das Meer teilt, fasziniert mich bis heute. Man ist aufgeregt, wenn man ihn durchs Wasser gleiten sieht. Aber gleichzeitig spürt man eine innere Ruhe und die alltäglichen Sorgen sind von jetzt auf gleich nicht mehr da. Ich kenne diese wunderbaren Tiere nur aus Dokumentationen, aber ein Traum wäre es, eine Kajaktour in Kanada/Vancouver zu unternehmen und mit diesen riesigen Wesen Seite an Seite durchs Wasser zu paddeln.

Ich hoffe, ich werde viele mit diesem Gedichtband erreichen, sodass sie diese schönen Tiere und den Ozean genauso ins Herz schließen und sich immer mehr Menschen Gedanken darüber machen, wie wir ihn schützen können. Es ist nie zu früh sich für den Schutz und den Erhalt zu engagieren. Deshalb sollte das Fach Meereskunde in die Schulen integriert werden, um den Kindern, die unsere Zukunft sind, aufzuzeigen, wie wichtig der blaue Riese für unseren Planeten ist.

Inhalt

Unendliche Weite

Ich will dich sehen
Mit all deiner Pracht
Ich will dich hören
Ob sanft oder rau
Ich will dich spüren
Egal, ob ich bin
Jung, alt und grau

Spielplatz des Lebens

Zu sehen ist nichts über dem Blau
Tauche ab und seh es genau
Flossen vorbei, wie der Blitz
Einige rund, andere sehr spitz
Einige bunt, andere sehr schlicht
Einige glatt und andere nicht
Einige verborgen im Dunkeln
Und andere lieben das Licht

Die riesige Pfütze
Ist plötzlich eine Unterwasserwelt
Die mit Erinnerungen
Geschichten erzählt

Doch oft ist es vergebens
Denn viele sehen ihn nicht
Den Spielplatz des Lebens

Meer geschehen

Die Wellen servieren
Das kühle Nass
Der Wind die frische Brise
So gastfreundlich
Ist die weite Macht
Mit ihrer blauen Wiese

Danke, Meer geschehen

Leerer Strand

Ich laufe und laufe
Kein Mensch ist in Sicht
Allein bin ich dort
Doch Einsamkeit
Verspüre ich nicht
Und sie ist da
Die innere Freiheit
Nur hier am leeren Strand
Gibt es vollkommene Gleichheit

Leeres Meer

Wir schwimmen rum mit allen vieren
Doch dir geht es auf die Nieren

So spuckst du uns mit Wellen aus
Als wären es die Worte:
Schert euch raus

Wie gestrandet einst die Wale
Orientierungslos, so viele Male

Wir Menschen haben dich ausgenommen
Verdient
Und nur bekommen

Was uns zusteht

Wolken basteln

Auf dem Sand liegend
Arme als Kopfkissen
Möwen oben fliegend
Füße von Muscheln zerrissen

Bastelt man fantasievoll Figuren
Aus der schwebenden Watte

Meer

Fühlen, abtauchen
Das Salz auf der Haut
Mal still geordnet
Mal chaotisch rau
Der blaue Riese
Flach am Strand
In der Weite die Tiefe
Doch bei Ebbe ein Land

Nordlicht

Das Salz, der Sand, der Wind
Und die Bucht
All das zieht dich an
Wie Drogen die Sucht
Die Ebbe verschlingt das Meer
Die Flut bringt es wieder
Denk drüber nach
Sag, was ist dir lieber?
Die Muscheln im Watt
Oder die Fische im Wasser
Liebe beides
Denn dann bist du ein Nordlicht
So heißt es

Nicht schmelzende Eisberge

Schwimmen wie Korken umher
Ohne Ziele
Nicht nur einer, sondern ganz viele
Diese weißen Berge
Überdecken all die Meere
Klimawandel kennen sie nicht
So treiben sie weiter
In aller Ruhe
Vom Schmelzen der Berge
Keine Spur
Denn Erschaffen der Mensch
Und nicht die Natur

Unvergessliche Erinnerungen

Geld ist wie Ebbe und Flut
Es kommt und geht
Doch Erinnerungen sind wie der Ozean
Voller Leben und unvergesslich

Anzug des Todes

Ich schwimme, schwimme in die Ferne
Tauche ab
Tauche auf
Doch fühle mich schwer
Nicht schwerelos
Und frage mich, was ist das bloß?
Schaue auf mein Neoprenanzug
Dabei fällt mir ein
Ich trage ja gar kein
Schaue genauer hin
Und es macht Sinn
Meine Haut bedeckt
Mit dem ganzen Dreck

Er ist mein und des Meeres Todes

Blaues Glück

Zu sehen diese schöne Weite
Ist das Glück auf meiner Seite?
Ich denke drüber nach
Und weiß
Hier will ich leben
Hier will ich sterben
Hier will ich beerdigt werden

Segelschiffe

Die Flugzeuge des Ozeans
Sie gleiten auf dem Wasser
Immer Richtung Abenteuer
Segel und Wind begrüßen sich
Bei Tag und bei Nacht
Schwach im Mondschein
Bei Tag mit voller Kraft

Meermenschen

Sind nicht verschlossen
Nur vorsichtig
Ziemlich verschossen
In Salz und Wind
Eindeutig ein Fall von Liebe

Heimatverbunden
Aber ein Hang
Die Welt zu erkunden
Allein oder gemeinsam
Aber nie fremd gegangen
Unser Zuhause mit Weite

Schön sich mit mehr Menschen
Zu ergänzen
Aber Sehnsucht keine danach
Weil Meermenschen

Gerötet die Augen

Habe Sand an den Füßen
Und gehe paar Schritte
Bis zu spüren das Nass
Und das Salz auf der Lippe

Genieße die Zeit
Zu meinem Glück
Gerötet die Augen
Weil muss wieder zurück

Mächtiger Sklave

Das Meer ist Leben
Und nicht nur Wasser
Es kennt geben
Doch mit uns hat es Laster
Überfischung und Plastikmüll
All die Jahre
So gewaltig und mächtig
Aber dennoch ein Sklave

Pulsschlag des Lebens

Um uns ist dein Leben
Was zu unserem wird
Und gerecht deine Mühe
So dass jeder dich spürt
Wirst so blau und gerührt
Von unseren Worten
Wenn nur jeder sie halten würd
So dass unser Dreck
Dich nicht umschnürt

Deine Welle ist der Pulsschlag des Lebens

Kneipe auf hoher See

Abgeschnitten von der Welt
Nützt dir dort auch kein Geld
Doch die Währung, die hier zählt
Sind Gespräche in der Messe
Das Schiff treibt weiter
Aber Zusammenkunft selbe Adresse
Für Tage, Wochen oder Monate lang
Bleibt sie da
Auf Empfang

Die Kneipe auf hoher See

Meer Blau

Es tut nicht Meer weh
Wenn man blau macht

Ich will

Dort hin
Wo die Sonne das Wasser streift
Dort hin
Wo ich bin, von allem befreit
Dort hin
Wo sich mein Herz von rot auf blau färbt

Ich will leben …

Strahlen des Lebens

Erheben sich am Morgen
Über dem Blau
Im beschaulichen Norden
Will jeder sie kosten
Doch eigentlich
Sie kommen von Osten
Und von da in die Welt
Weil sie ist kalt und zerfällt
In sich zusammen
Weil jeder für sich
Weil jeder es kann
Weil jeder nicht lebt
Gleich nebenan
Aber leben doch alle
Hier zusammen
Und lieben sie alle

Die Strahlen des Lebens
Und ihren Untergang

Nimm die Urlaubsmuschel

An dein Ohr
Sie will dir was erzählen
Wie das Leben der Meere klingt
Ohne sie zu sehen

Deine Augen schließe nun
Siehst du jetzt die Wasserwelt?
Denn egal, ob nah oder fern
Dein Herz von jetzt auf gleich
In blau erhellt
Wenn die Urlaubsmuschel
Sich an deinem Ohr gesellt

Der Meerwert

Laut die Straßen
Immer Verkehr
Mal kurze Phasen
Aber nie wirklich leer

Augen geschlossen
Träume vom Sand
Lärm ist verschlossen
Und bin barfuß am Strand

Als wir Kinder waren

Bauten wir Burgen
Aus all deinen Sand
Sahen wir Tiere
Die heut uninteressant

Wir liebten dich
Zu allen Gezeiten
Heute die Arbeit in Schicht
Und sehen dich nur auf Webseiten

Ich lebe jetzt weit weg

Und träume stets von dir
Vermisse deinen Atem
Täglich durch die Tür

Doch lebe jetzt ganz weit weg
Bei diesem Fremden hier
Der mich so erdrückt
Mit Gestank von Gier
Und was mir dann bleibt
Nur Geruch von Traurigkeit

Ich lebe jetzt weit weg
Stein auf Stein
Baut der Fremde auf
Und meine ruhige See
Wird dadurch aufgeraut

Ich lebe jetzt weit weg
Aber möchte zurück zu dir

Du bist

Ganz schön blau
Dabei bin ich trunken vor Liebe
Wenn ich vor dir stehe

Die Wellen

Nicht gleich
Auf dem blauen Riesen
Mal klein, mal groß
Sie nach oben schießen

Das Herz der Wind
Der ihnen Antrieb bringt
Bis das Land
Wieder diesen nimmt
Und das Geräusch nach Liebe klingt

Silberne Streifen

Fliegen durch die Farbe
Der alle Vertrauen
Schreie begleiten von einer Masse
Die sie beschauen

Weil sie treffen die Zarten
Mit ihren Barten
Die täglich drauf warten
In ihren schwimmenden Garten

Zu verenden
Durch silberne Streifen
Die ihr Leben beenden

Heilung

Es ist ein Akt der Vergeltung
Wenn du uns in die Tiefe reißt
Denn wir sind die Erkältung
Gegen die du dich heilst

Der König der Meere

Ist ein jener
Der das Salz berührt
Respektiert und Leben fühlt

Denn wer besitzt
Ein Herz aus blau
Wird beschützt
Vom Sanften oder rau

Meer ist nie verkehrt

Es ist Winter
Es ist stürmisch
Es ist grau
Es ist kalt
Und mein Gesicht, wie gelähmt
Das einzige mit Farbe
Sind meine gelben Gummistiefel
Dennoch weiß ich
Dass nichts verkehrt ist
Denn ich stehe am Strand
Und erblicke die Schönheit des Meeres

Atmen

Du lässt mich atmen
Während du atemberaubend bist

Gefleckt

Schwarzweiß
Schwimmen sie nördlich ans Eis
Oder grünlich
Weiter südlich
Die Familien unterschiedlich

Schwarz ihr Schwert
Damit teilen sie Meer
Und ihr Gebot
Liebe bis zum Tod

Freiheit

Dein Anblick ist die Farbe des Vertrauens
Dein Weitblick die Offenheit für Abenteuer
Und jeder Augenblick mit dir
Überstrahlt meine Einsamkeit
Weil du mich wärmst

Küstenkind

Kaum ist es Morgen
Weckt mich ein Duft
Man fühlt sich geborgen
Mit der salzigen Luft

Stürmisch sagen die Fremden
Du nennst es Wind
Sie haben zu kämpfen
Du bist Küstenkind

Ozeane

Seht ihr, wie meine Augen Ferne werfen
Durch die ich mich bewege
Wie ich mich in eure Brise lege
Und euer Duft mich atmen lässt
Und ich euch zeige
Dass nicht jeder euch verdreckt

Ein Segeltuch flüstert mir zu

Auf einer Bank sitzend
Die vom Salzwasser zerfressen
Peitscht der Wind
Beim Stullen-Essen
Die Freiheit ins Gesicht

Eine weiße Flosse
Schleust sich vorbei
Sie wird zu einer Glosse
Poetisch, erzählt sie Geschichten
Bis ins Detail

Und man atmet sie ein
Und wieder aus
Sie segeln heim
Sie segeln raus

Ich liebe deinen Anblick

Deine Farbe mein Zuhause
Dich ansehen
Kann ich ohne Pause
Weil ich deine Farbe
Am schönsten find
Weil deine Blautöne
Die schönsten sind

Die schönste Berührung

Wenn der Wind
Nach dem Haar greift
Wenn das Salz
Auf die Lippen beißt

Wenn die Wellen
Mit einem ringen
Wenn der Sand
Die Füße umschlingen

Ist alles Vergangenheit
Und man kann neu beginnen

Spiegel der Glückseligkeit

In deinem blauen Spiegel
Sehe ich immer glücklich aus
Egal, wie verschwommen mein Leben
Gerade sein mag

Lebendiger Schnee

So schaut aus sein Fell
Am Tage unsichtbar
In der Nacht sehr hell

Man erhascht ihn rar
Da Eis kaum noch da

Sein eisiger Dschungel
In dem er brüllt und tobt
Heute nur noch, aus der Not

Doch er gehört ihm
Der weiße Palast
Über dem er seit Jahrtausenden wacht

Leben am Meer

Du stehst am Deich
Die ersten Sonnenstrahlen wärmen dein
Gesicht
Du spürst den Wind auf deiner Haut
Die Möwen kreisen über dir
Du schmeckst und riechst den Duft des
Meeres
Du hörst die Brandung
Und winkst den Jungen des Fischers zu
Gibt es was Schöneres?

Es überkommt mich eine Welle

Diese Stimme
Innerlich höre ich sie sagen
Dort, wo du bist, ist es kalt
Egal, wie warm es ist
Und dein Umfeld hält dich gefangen
Statt weichen Sand
Pflasterstrand
Von Freiheit nichts zu spüren
Alles ausgekühlt
Wellen dieser Worte
Täglich angespült

Der Wind

An der Küste
Müsste
Überall so sein
Geht gern mal auf Reisen
Denn er liebt den Applaus
Doch nur im Norden
Da ist er zuhaus

Ein blauer Saphir

Mal rau, mal geschliffen schön
Ruhig und gelassen
Doch Wellen schlagen kraftvoll zu
Flatternde Flügel sind wachende Augen
Und Spione
Flossen ragen aus dem Wasser empor
Sie beschützen und säubern den Riesen
Damit im und über dem Blau
Alle das Leben genießen

Wellenreiten

Mal bist du glatt
Mal hast du Falten
Mal hast uns satt
Mal lässt uns walten
Bei warmen wie auch kalten
Wir über deine Falten gleiten
Du uns Freiheit damit schenkst
Wir dich begleiten
Und einen Moment lang zeigen
Den Respekt von beiden
Nennt man Wellenreiten

Du bist so wunderschön

In deinem blauen Kleid
Wenn die Brise
Es zärtlich streift
Egal, wie viel miese
Tage ich hatte
Ist deine Schönheit
Die Brandung
Welche auf mein Herz prallt
Und mich somit wiederbelebt

Piraten verschwinden

Ich lege mich auf blaue Berge
Und all die Last wird untergehen
Ich fülle all die Meere
Mit dem Salz aus meinen Tränen

Ich werfe meinen Anker über Bord
Und niemand soll mich finden
Denn dieser geheime Ort
Lässt alle Piraten verschwinden

Blick vom Ufer

Du stehst am Ufer
Schaust raus aufs Meer
Die Sonne lacht
Als gäbe es nichts anderes mehr
Die Möwen fliegen
Die Wellen rauschen
Jetzt sag mir
Würdest du es tauschen?

Lebendige Stille

Wellen gehen steil nach oben
Die Möwen sind am Singen
Die Haie sind am Toben
Weil sie mit den Fischen ringen

Doch von jetzt auf gleich
Ganz ruhig und seicht
Als wäre es der Gartenteich

Meerliebe

Ich wollte mich nur wärmen
Aber bekam von der Liebe einen Sonnen-
brand
Dann sprang ich in die kühle Freiheit
Und fand dich

Besonnte Seele

Kühl die Haut vom Blau
Liegt man auf dem weißen Teppich
Dösend
Dann nach oben blickend
Erscheint ein gelber Ball
Und macht einen bräunlich sichtlich

Die Liebe

Ist, wie das Meer
Mal mit einer Flut von Gefühlen
Mal Ebbe und tief verborgen
Doch sie kommt immer wieder hervor
Um zu zeigen, dass sie da ist
Auch, wenn man sie nicht immer spürt

Ein Haus am Meer

Es steht da
Umgeben von nichts
Nimm es nicht wörtlich
Denn das Nichts ist das Licht

Für andere wenig
Für dich ist es mehr
Für dich ist es ewig
Ohne Verkehr
Für andere so leer
Doch dir gibt es Fülle und Liebe

Ein Haus am Meer

Sonnenuntergang

Was, wenn der Himmel es verbockt?
Sie stündlich fällt
Und das Meer sie lockt?

Dann ist es dieser Anblick
Der uns gefällt
Wenn sie schwindet
In die Unterwelt
Und unsere Herzen
Mit Licht erhellt

Weißer Wille

Man läuft entlang
In der Stille
Doch eingefangen, dieser Klang
Nicht von einer Grille
Das Zirpen lauter, ein kleines Bellen
Kilometerlang, Gesang in Wellen
Ich nenn sie weißer Wille
Bleibt sie dran
Mit fliegendem Gang
Königlich, wie ein Löwe
Doch man nennt sie, ist bekannt
Einfach Silbermöwe

Meer Träume

Ich sitze am überfüllten Schreibtisch
Und sehne mich nach deinem Blau
Je weiter du entfernt bist
Desto Meer will ich träumen

Blaulose Nächte

Sind die
An denen ich von dir getrennt
Und vor Sehnsucht innerlich zerrissen bin
Wie ein Kind, das seine Eltern sucht
Bleibt nichts unversucht
Doch kriege kein Auge zu
Deck mich zu
Gedanklich
Mit deinen Wellen
Langsam
Komme ich zur Ruhe
Weil der Traum
Mich zu dir fuhr

Du gibst uns alles

Wir erwarten
Dass du uns ernährst
Kühlst
Und uns die Schmerzen nimmst
Aber wir lassen dich hungern
Schwitzen
Und fügen dir schmerzen zu
Dabei gibst du uns so viel Meer

Auf dem weißen Sand

Mit Tee in der Hand
Am glühenden Feuer
Und tollende Kinder am Strand
Weg von Gemäuer

Gitarrenmusik
Und Geschichten von Menschen
Hier ist man selbst
Hier muss man nicht glänzen
Auf dem weißen Sand
Sind gleich alle Menschen

Tiefe Seele

Egal, wie rau meine Seele ist
Tauchst du jedes Mal tiefer
Auf die Gefahr hin
Zu ertrinken
Wenn du in meine Augen schaust

Schritt für Schritt

Wirst du dunkler
Ist kein Wunder
Aber du bist es schon

Meerespanzer

Paddeln mutig und entschlossen
Elegant durchs Wasser
Auf der Suche nach Speisen
Schnappen sie nach Quallen
Doch oft sind es Kunststofffallen

Blau liebt Gelb

Und Gelb liebt Blau
Sie ziehen sich an
Wie Mann und Frau
Wie Frau und Frau
Oder Mann und Mann
Denn Blau und Gelb
Sind farbenblind
Weil Gott sie liebt
Wie sie sind
So sehr
Dass wir sie tauften
Als Ozean und Sonne

Wenn mich

Deine Flügel begrüßen
Wenn mich
Dein Wind
In die Freiheit trägt
Wenn mir
Dein blauer Boden
Wieder Halt gibt

Dann weiß ich
Ich bin zuhause

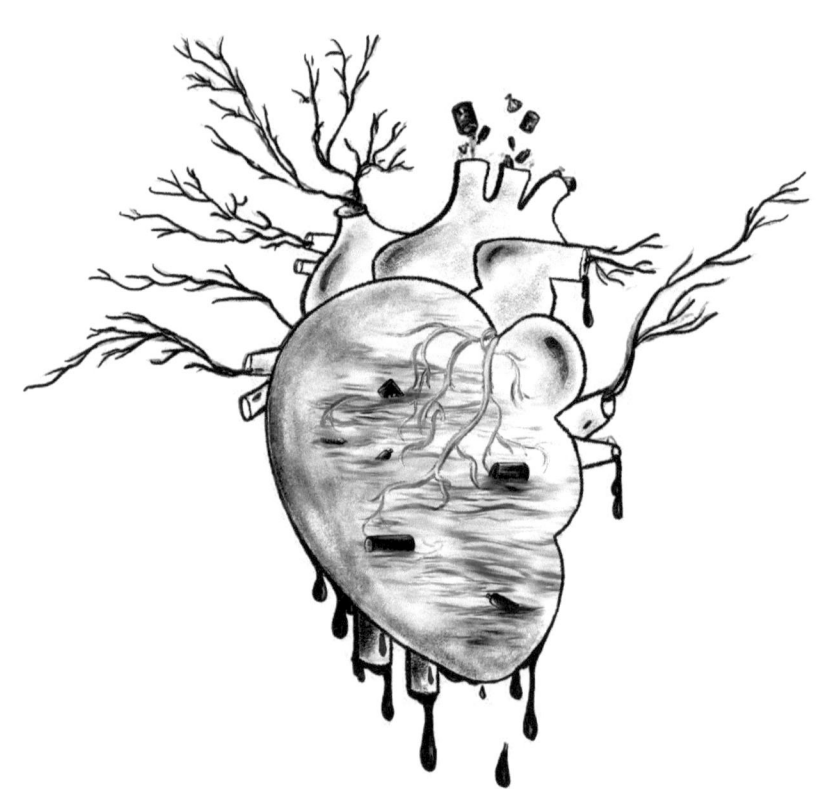

Der Ozean

Ist das Herz der Welt
Die Flüsse seine Adern
Er steht kurz vorm Infarkt
Weil wir alles in ihm lagern

Umkreist von Haien

Ich fühle mich
Wie auf offener See
Ständig kreisen Haie um mich
Die darauf warten
Dass ich untergeh

Wir zerstören und vertreiben

Nicht nur am Land
Auch die bunten Häuser
Der Meere, die sind uns bekannt

Sie verlieren ihre Farben
Werden ganz bleich
Durch unser Versagen
Verschwindet das Reich

Und ihre Bewohner
Sie flüchten davon
Kein Schutz mehr für sie
Auch dieser genommen

Clownfisch

Er ist nicht zum Lachen
Doch kann er es machen
Glücklich dich stimmen
Wenn du ihn siehst
Das Blaue durchschwimmen

Dein Herz ist zerstört

Wir färbten es rot
Wir haben's verzehrt
Wir sind der Tod

Regentropfen

Von der grauen Decke fallen sie
Eine gelbe Wand fängt sie auf
Gleiten spielerisch hinab
Zu ihresgleichen
Nur mit Salzgeschmack

Danke fürs Zuhören

Jeder möchte bei dir sein
Denn all die Last verweht in deinem
Wind
Und alle Sorgen erscheinen so klein
Man ist wieder wie ein Kind
Du bist nie zu beschäftigt
Machst nie ein auf geschäftlich
Hörst einem empathisch zu
So dass jedes Wort in deine Tiefe versinkt
Und dann dieser Satz erklingt:

Ich trag die Farbe des Vertrauens
Und bin immer für dich da

Du bist der Wind

Der sich in meinem Segel verfängt
Damit wir den Ozean des Lebens überqueren

Schaut gerne bei Instagram vorbei:

@FABI_LIERKUNST